LEBENS-FREUDE

für jeden Tag

DAS LEBEN IST BUNT –

manchmal ein Fest,
manchmal eine Herausforderung.
Jeder neue Tag lädt dich dazu ein,
kleine und große Wunder zu
entdecken und unvergessliche
Augenblicke zu erleben.
Richte den Blick auf das Positive
und nimm jeden Tag als
eine Chance zur Freude.

Das Leben
ist wundervoll!

Edith Piaf

Das bunte

LEBEN

beginnt dort, wo wir
mit Freunden sind und
uns mit kleinem Glück
umgeben.

Justus Paul

Es braucht keinen Grund, das Leben zu feiern.
Das Leben selbst ist Grund genug.

Stefanie Vey

Eine Minute,
einen Augenblick am Tag

GLÜCKLICH SEIN –

und das bewusst –
ist schon wert,
zu leben.

Katharina Eisenlöffel

Schreibe es in dein Herz, dass jeder Tag *der beste Tag* des Jahres ist.

Ralph Waldo Emerson

AUFGABE DES LEBENS,

seine Bestimmung ist Freude.
Freue dich über den Himmel,
über die Sonne, über die Sterne,
über Gras und Bäume,
über die Tiere und die Menschen.

Leo Tolstoi

Die Natur gibt dir
viele Möglichkeiten,

GLÜCK ZU SPÜREN.

Paul Hufnagel

Das Glück des Lebens setzt sich aus
winzigen Kleinigkeiten zusammen.

Samuel Taylor Coleridge

Jeden Tag
wirbelt dir der Wind
ein Körnchen Freude auf.
SIEH GUT HIN,
damit du es fängst.

unbekannt

Für den wahren Lebenskünstler ist die schönste Zeit immer diejenige, die er gerade verbringt.

Orson Welles

Sei für diesen Moment
glücklich, denn
dieser Moment ist
DEIN LEBEN.

Omar Khayyam

Die besten und schönsten Dinge
auf der Welt kann man
weder sehen noch hören.
Man muss sie
MIT DEM HERZEN FÜHLEN.

Helen Keller

Ist die Welt außer dir nicht so,
wie sie sein sollte,
so schaff dir selber eine Welt,
die **DICH ANLACHT.**

Christian Gotthilf Salzmann

Die wesentliche
Voraussetzung
für Glück
ist die Bereitschaft,
der zu sein, der man ist.

Erasmus von Rotterdam

Es hat keinen Sinn,
sich immer so zu verhalten,
wie die Leute es für richtig halten.

AM BESTEN LEBT MAN SO,

wie man selbst es für richtig hält.

Lucy Maud Montgomery

WER SICH
am Leben freuen möchte,
FINDET STETS EINEN
GRUND DAZU.

Thomas Romanus

Das kleine Glück
ist ein großartiges
Stärkungsmittel
für unsere

LEBENSFREUDE.

Ernst Ferstl

Das Leben lässt keinen Aufschub gelten;
bieten sich Freuden, so soll man sie genießen.

Samuel Johnson

DAS LEBEN

schenkt dir seine Tage,

DAMIT DU SIE

GENIESST.

Ellen Sonntag

Jeden Tag ein paar
SONNIGE MINUTEN
schenken mehr Glück als
drei Wochen Sonnenschein.

Nina Sandmann

DAS WAHRE GLÜCK

im Leben, das sind
die kleinen Sonnenstrahlen,
die uns jeden Tag
auf den Weg fallen.

unbekannt

Willst du glücklich sein, dann sei es.

Leo Tolstoi

Die schönsten MOMENTE

sind die, die uns
vor lauter Glück
sprachlos machen!

Irmgard Erath

DIE AUGENBLICKE, IN DENEN WIR INNEHALTEN, SIND KOSTBAR.

Voltaire

Sich Pausen schenken, den Moment genießen
und spüren: Ich bin ganz bei mir.

Angelika Emmert

Ich kenne
kaum ein größeres Glück,
als mich mit jemandem,
den ich liebe, über etwas

HERZLICH FREUEN

zu können.

Sonja Recknagel

Die Seele
ernährt sich
von dem,
worüber sie
sich freut.

Augustinus von Hippo

Es muss ein

ZUSTAND DES HERZENS

sein: ganz positiv und
sanft zugleich – sonnig
und entschlossen.

Prentice Mulford

Wer auch an Regentagen viele heitere Stunden erlebt,
hat seine eigene sonnige Kraft entdeckt!

Yvonne Mölleken

ICH FREUE MICH,
WENN ES REGNET.
DENN WENN ICH
MICH NICHT FREUE,
REGNET ES AUCH.

Karl Valentin

Wenn dich
das Regenwetter betrübt,
mal dir
EINE SONNE
ans Fenster.

Dagmar Bulmann

Ob die Aussichten gut sind,
liegt in der Regel an unserer
Sicht der Dinge.

Hilla Olnhoff

Der Optimist hat
nicht weniger oft Unrecht
als der Pessimist.
Aber er

LEBT FROHER.

Charlie Rivel

Betrachte alles von der guten Seite.

Thomas Jefferson

Bereits die Einstellung,
sich weniger Sorgen
zu machen, kann für

MEHR FREUDE

im Leben sorgen.

Ernst Ferstl

Von allen körperlichen
Betätigungen ist

Lachen

die Gesündeste!

Lilly Brown

NICHTS IN DER WELT IST SO ANSTECKEND WIE LACHEN UND GUTE LAUNE.

Charles Dickens

Blumen haben die besondere Gabe,
immer gute Laune zu verschenken.

Friederike Weichselbaumer

KLEINE FREUDEN
im Alltag gleichen
FARBENFROHEN
BLUMEN AM WEG.

Peter Friebe

Betrachte immer

DIE HELLE SEITE

der Dinge!
Und wenn sie keine haben?
Dann reibe die dunkle,
bis sie glänzt.

aus Skandinavien

Greif dir diesen Tag!
Schenke ihn dir selbst, als Wunder des Lebens.

Angelika Emmert

„Leben ist nicht genug",
sagte der Schmetterling.
„SONNENSCHEIN,
Freiheit und
eine kleine Blume
muss man haben!"

Hans Christian Andersen

In die Natur gehen, das Herz mit Schönheit füllen,
damit die Freude bleibt.

Justus Paul

LEBENSFREUDE

ist eine Frage der Fantasie.
Es liegt an dir selbst,
dem Leben Farbe zu geben.

Bernd Winkel

Zu schweben
vor Glück
ist die schönste Art
der Fortbewegung.

Angelika Emmert

Man sollte für die Freude,
die Schönheit, die

FARBE DES LEBENS

erglühen.

Oscar Wilde

ES STIMMT,

ich habe verdammte Lust,

GLÜCKLICH

ZU SEIN.

Rosa Luxemburg

Das kleine Glück nährt sich vom täglichen Genuss.

Ursula Kohaupt

DIE EINZIGE ART,

wie man
eine Versuchung
loswerden kann,
ist die, dass
man ihr nachgibt.

Oscar Wilde

Die Vorfreude
ist der Sonnenschein
von morgen.

Ernst Ferstl

Das Warten auf

ETWAS SCHÖNES

erzeugt positive Spannung
und Gefühle.

Lily Braun

BEHALTE
VON JEDEM TAG
den schönsten Moment
IN ERINNERUNG.

Paul Hufnagel

Wenn wir jeden Tag
einen Gedanken
oder einen

SCHÖNEN MOMENT

finden, der es wert ist
aufgehoben zu werden,
dann sind wir recht
schnell im Besitz einer
wertvollen Sammlung.

Yvonne Mölleken

DIE GROSSEN
Augenblicke

sind die, in denen
wir getan haben,
was wir uns
nie zugetraut hätten.

Marie von Ebner-Eschenbach

Schöne Dinge
nachempfinden heißt:
Schönes
LÄNGER GENIESSEN.

Katharina Eisenlöffel

SAG JA
ZU DEINEM LEBEN
UND UMARME ES
JEDEN TAG AUFS NEUE.

Johanna Rückert

Schwing dich
aus allem heraus,
was dich beengt!

Bettina von Arnim

Die optimistische Natur
hat ihr Glück schon

IM LEBENSGEFÜHL,

die pessimistische erst im Glück.
Dieser empfindet das Leben
erst im Glück – und jener
das Glück schon im Leben.

Friedrich Nietzsche

Du allein bist es,
der dem Alltag
Flügel
verleihen kann.

Dagmar C. Walter

Wenn du Glück suchst, folge deiner Sehnsucht.

Monika Minder

DAS GRÖSSTE GUT,
DAS UNS GESCHENKT IST,
ist die Sehnsucht
UNSERER SEELE.

Novalis

Glück ist
DOPPELTES
GLÜCK,
wenn wir es
zu zweit genießen.

Irmgard Erath

WENN DU VERGNÜGT SEIN WILLST, UMGIB DICH MIT FREUNDEN.

aus Japan

Es sind oft die einfachen Dinge,
die das Leben zu einem Fest machen.

Jeremy A. White

Wo zwei in tiefer

FREUNDSCHAFT

verbunden sind,
erscheint
das Leben sonniger.

Carmen Steinschnack

Je mehr du dein Leben
lobst und feierst,
desto mehr gibt es
im Leben

ZU FEIERN.

Oprah Winfrey

DIE ZUKUNFT

ist ein Geschenk,

DAS WIR

JEDEN TAG

neu auspacken dürfen.

Ernst Ferstl

DU BIST DA,
um dein Leben
mit Glück zu füllen.

Epikur

In der Natur kann ich

WUNDER SCHAUEN,

wenn ich still sitze
und mich öffne
für den Glanz,
die Farben und die Düfte.

Carmen Steinschnack

Man kann einen seligen,

SELIGSTEN TAG HABEN,

ohne etwas anderes dazu
zu gebrauchen
als blauen Himmel und
grüne Frühlingserde.

Jean Paul

Die schönsten Geschenke der Natur:
Schönheit, Vielfalt, Fülle.

Ernst Ferstl

Blicke
ZUM HORIZONT

und darüber hinaus –
und du wirst sehen,
wie grenzenlos
dein Leben sein kann.

Carin Reiterer

Einfach in
der Sonne
stehen und spüren,
dass du lebst,
ist Glück.

Ingrid Koller

Das Leben ist ein wunderbares Abenteuer
voll schwebender Leichtigkeit.

Peter Pan

Ich halte mir
stets vor Augen, dass
schon das bloße
Auf-der-Welt-sein

ETWAS GROSSARTIGES

ist.

Katharine Hepburn

Das Vergnügen ist die Verpackung des Glücks.

Thomas Wolfe

Unsere Tage bleiben bunt,
solange wir
es nicht verlernen,
Dinge aus

PUREM SPASS

zu tun!

Yvonne Mölleken

Dann beginnt
UNSERE FREUDE,
wenn wir den anderen
lächeln machen.

aus Indien

Wer sich zehn Sekunden lang
etwas vorstellt, das einem anderen
FREUDE BRINGEN SOLL,
hat eine Kraft in Bewegung gesetzt,
um etwas von dieser Freude auch
auf sich herabzuziehen.

Prentice Mulford

GLÜCKLICHE
Momente,

die wir gemeinsam genießen,
sind die schönsten
Geschenke des Lebens.

Alexandra Heinrich

Leben bedeutet
genießen
in Zeit.

Siegfried Wache

LÄCHLE

der Welt zu und

DIE WELT WIRD

ZURÜCKLÄCHELN.

unbekannt

Die Welt ist groß und reich, wenn
ich selbst nur aufmerksam und
voller Erwartung
in sie hineinschaue.

Willy Kramp

Am Ende eines jeden Tages
ist nur wichtig,
dass es einen schönen Moment
gegeben hat, der

DICH LÄCHELN LIESS.

unbekannt

Beende jeden Tag
und sei fertig mit ihm.
Morgen ist ein neuer Tag.
BEGINNE IHN GUT.

Ralph Waldo Emerson

Das Beste, was wir auf dieser Welt tun können, ist Gutes tun, fröhlich sein und die Spatzen pfeifen lassen.

Don Bosco

Nicht immer erreichbar sein
für alle und jeden, lieber

IM SONNENSCHEIN

sich mit Stille umgeben.

Elfriede Engel

Ruhe zieht das Leben an, Unruhe verscheucht es.

Gottfried Keller

Man sollte nicht ZEITVERTREIB, sondern ZEITGENUSS SAGEN!

Jean Paul

Die Hektik
des Tages abstreifen,
die Gedanken
ziehen lassen,

NICHTS TUN,

welch ein Genuss!

Ursula Kohaupt

Unser Leben bedarf
**KLEINER
PAUSEN,**
um Glück
zu tanken.

Angelika Emmert

DAS GUTE geschieht nicht IN SCHLAGZEILEN, sondern im STILLEN ALLTAG.

Friedrich Wetter

Auf dem Sofa liegen und
einen guten Roman lesen
ist ein Vorgeschmack
der ewigen
Seligkeit.

Horace Walpole

Beschäftige deine Gedanken mit Freude,
schon fühlst du, wie das Glück erwacht.

Paul Hufnagel

DENKE NICHT SO OFT AN DAS, WAS DIR FEHLT, SONDERN AN DAS, WAS DU HAST.

Marc Aurel

Dankbarkeit
ist ein Magnet,
der Glück und
gute Laune anzieht.

Angelika Emmert

Wenn uns eine Sache fehlt,
sollte uns das
nicht davon abhalten,
alles andere
in vollen Zügen
ZU GENIESSEN.

Jane Austen

Intensiv leben bedeutet,
alles wie zum ersten Mal machen.

Thomas Romanus

Alles ganz zu tun,
unbeirrbar
MIT HINGABE
an den Augenblick,
schenkt ein
gutes Lebensgefühl.

Else Pannek

Sprühen vor Lebenslust
kann ein wahres Feuerwerk entfachen!

Helga Schäferling

Ab und zu sollte
ein jeder über

DIE STRÄNGE SCHLAGEN

und seine kühle Nüchternheit
für eine Weile vergessen.

Seneca

Der Sommer macht
den Menschen zum

TRÄUMER.

Paul Keller

DIE WELT

ist schön,

weil man immer wieder
Neues entdeckt,
worüber man sich
freuen darf.

Adalbert Ludwig Balling

Deine Begeisterung
lässt Freuden
IN DEINEM HERZEN
so groß werden,
dass du sie beherzt
mit anderen teilen kannst!

Yvonne Mölleken

Begeisterung ist ein Feuer,
das die Innenwelt in Fluss erhält.

Otto von Leixner

Das Wichtigste ist,
dein Leben
zu genießen –
GLÜCKLICH ZU SEIN –
das ist alles,
was zählt.

Audrey Hepburn

Die Welt gehört denen,
die zu ihrer Eroberung ausziehen,
mit Sicherheit und

GUTER LAUNE

im Gepäck.

Charles Dickens

Ein Licht,
das von innen
her leuchtet,
kann niemand
löschen.

aus Kuba

DIE FÄHIGKEIT, GLÜCKLICH ZU LEBEN,

kommt aus einer Kraft,

DIE DER SEELE INNEWOHNT.

Marc Aurel

Achte auf das Kleine in der Welt,
das macht das Leben reicher und zufriedener.

Carl Hilty

Will man
einen traumhaften Tag
erleben,
muss man nach
dem Schönen
AUSSCHAU HALTEN.

Lucy Maud Montgomery

Wenn ich mitten im Alltag
innehalte und gewahr werde,
wie viel mir geschenkt ist,
werden die zahllosen
Selbstverständlichkeiten zu einer

QUELLE DES GLÜCKS.

Gustave Flaubert

DEM AUGENBLICK LEBENSFREUDE EINHAUCHEN, DAMIT DIE ZEIT LEBENSWERT WIRD.

Friederike Weichselbaumer

Das Leben hält für uns
immer wieder Überraschungen bereit.
Darum kann der

SCHÖNSTE AUGENBLICK

des Lebens immer noch
vor uns liegen, egal wie alt wir sind.

Ottilia Maag

Eine der schönsten Atemübungen:
Mit einem Lächeln durch den Morgen radeln.

Kirsten Schwert

Den Reichtum

EINES MENSCHEN

misst man an den Dingen,
die er entbehren kann,
ohne seine gute Laune
zu verlieren.

Henry David Thoreau

Alles, was unsere Seele *bereichert,* bleibt.

Roswitha Bloch

Die Kunst eines
erfüllten Lebens
ist die Kunst des Lassens:
Zulassen – Weglassen – Loslassen.

Ernst Ferstl

Die Weisheit

DES LEBENS

besteht im Ausschalten

DER UNWESENTLICHEN

DINGE.

aus China

Um guter Laune zu werden,
muss man sich
VERGNÜGT AUFRICHTEN,
vergnügt um sich schauen
und sich so verhalten, als wäre
die gute Laune bereits da.

William James

Versuchen wir
uns doch einmal
entschieden auf die

SEITE DES POSITIVEN

zu stellen,
in jeder Sache.

Christian Morgenstern

Glück ist
die kurze Zeit,
in der man die
ZEIT VERGISST.

unbekannt

ABSCHALTEN.
SICH ZEIT LASSEN.
DIE WELT VERGESSEN.
GLÜCKLICH SEIN.

Jeremy A. White

BEGINNE

jeden Morgen

MIT EINEM GUTEN

GEDANKEN.

Carl Hilty

Glück ist,
die Stille
eines Morgens
ganz für sich allein
zu haben.

Marion Blum

Optimismus ist

EIN GLÜCKSMAGNET.

Wenn du positiv bleibst,
werden dich
gute Dinge und gute Menschen
anziehen.

Mary Lou Retton

Still mit dem Aber!

Gotthold Ephraim Lessing

Ich lasse
keinen Ärger an mich ran.
Die Dinge

LEICHT NEHMEN

macht gesünder
und glücklicher.

Louis Armstrong

Nichts verleiht
    mehr Überlegenheit, als
RUHIG UND
        UNBEKÜMMERT
    zu bleiben.

Thomas Jefferson

Rechne die
unvollkommenen Tage
zusammen,
so kommt eine Summe

FREUDE UND LEBEN

heraus!

Friedrich Hölderlin

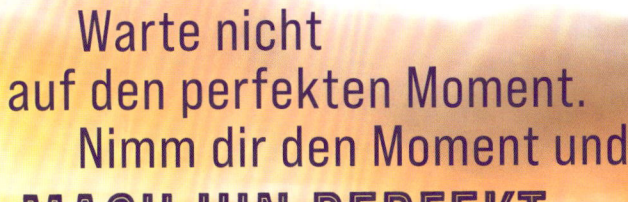

Warte nicht
auf den perfekten Moment.
Nimm dir den Moment und
MACH IHN PERFEKT.

unbekannt

Wenn man immer
nur tut, was sich gehört,
verpasst man den
ganzen Spaß.

Katharine Hepburn

LACHEN

glitzert

GOLDEN.

Lissy Klee

DAS DASEIN
IST KÖSTLICH –
man muss nur
den Mut haben,
sein eigenes Leben
zu führen.

Peter Rosegger

DAS LEBEN IST SO AUFREGEND, DASS MAN KAUM ZEIT FÜR ETWAS ANDERES FINDET.

Emily Dickinson

Man muss an seine Träume glauben.

Sprichwort

Ich meine fast,
wenn ich mir

MIT DER SEELE

etwas innig wünsche,
so erfüllt das Leben
mir solche Wünsche gerne.

Arthur Rubinstein

Das Leben wird mir nie zur Gewohnheit. Es ist immer *ein Wunder.*

Katherine Mansfield

AN DAS GUTE

glauben,

sich fallenlassen und
von ganzem Herzen
dem Leben vertrauen,
heißt es lieben.

Nina Sandmann

Das Leben ist ein *großes Fest –* und du bist herzlich eingeladen.

Paul Hufnagel

Lass uns wagemutig und
abenteuerlustig
sein und uns
AUF DAS FREUEN,
was uns das Leben beschert.

Lucy Maud Montgomery

**Wir von GROH wollen die Welt
ein bisschen verschönern – mit liebevollen
Geschenken, die glücklich machen.**

GROH.DE

@die_geschenkverlage

Textnachweis: Wir danken allen Autor*innen bzw. deren Erb*innen, die die Erlaubnis zum Abdruck von Texten erteilt haben, sowie Ernst Ferstl, www.gedanken.at

Bildnachweis: Cover, S. 134: Aleksandr Bryliaev/stock.adobe.com; S. 3: rh2010/stock.adobe.com; S. 5: Wyman/Getty Images; S. 7: AlexSava/Getty Images; S. 9: fotograzia/Getty Images; S. 10: Elva Etienne/Getty Images; S. 12, 24: Westend61/Getty Images; S. 14: Edita Meskoniene/Getty Images; S. 16: borchee/Getty Images; S. 19: shizhan85@gmail.com/Getty Images; S. 20: Alexander Spatari/Getty Images; S. 22: Natee Meepian/Shutterstock.com; S. 27: Simon Dux/Getty Images; S. 29: Trudie Davidson/Getty Images; S. 31: Biletskiy_Evgeniy/Getty Images; S. 33: phive2015/Getty Images; S. 34: fottoo/stock.adobe.com; S. 36, 48, 59, 61, 68: the_burtons/Getty Images; S. 38: casualcamera/Getty Images; S. 40: Shebeko/Shutterstock.com; S. 43: elinque/stock.adobe.com; S. 45: Clive Nichols/Getty Images; S. 47: SewCreamStudio/Shutterstock.com; S. 50: puhimec/Getty Images; S. 52: Evgenia Matveets /Getty Images; S. 55: dubova/stock.adobe.com; S. 57: SusaZoom/Getty Images; S. 62: Andrej Privizer/Shutterstock.com; S. 64: Mariia Ploshikhina/Shutterstock.com; S. 66: Alena Ozerova/stock.adobe.com; S. 70: Yarmolovych/Shutterstock.com; S. 73: Marina April/stock.adobe.com; S. 75: Kohei Hara/Getty Images; S. 76: EyesTravelling/stock.adobe.com; S. 78: PhotoAlto/Sigrid Olsson/Getty Images; S. 80: Burak Karademir/Getty Images; S. 83: Dasha Petrenko/stock.adobe.com; S. 85: zhengshun tang/Getty Images; S. 87: EdNurg/stock.adobe.com; S. 88: LaSalle-Photo/Getty Images; S. 90: Jenny Sturm/Getty Images; S. 93: Eva-Katalin/Getty Images; S. 95: georgeclerk/Getty Images; S. 96: DaveAlan/Getty Images; S. 98: Cavan/stock.adobe.com; S. 100: guvendemir/Getty Images; S. 102: drubig-photo/stock.adobe.com; S. 104: asiandelight/stock.adobe.com; S. 107: Mint Images/Getty Images; S. 109: MarioGuti/Getty Images; S. 110: toa555/stock.adobe.com; S. 112: Stefan Körber/stock.adobe.com; S. 114: Dougal Waters/Getty Images; S. 117: freebird7977/stock.adobe.com; S. 119: Handemandaci/Getty Images; S. 121: Fahkamram/stock.adobe.com; S. 122: weyo/stock.adobe.com; S. 124, 127: Dougal Waters/Getty Images; S. 129: FooTToo/Getty Images; S. 131: jimfeng/Getty Images; S. 133: Tanes Ngamsom/Getty Images; S. 136: Alexander Ozerov/stock.adobe.com; S. 138: Bachkova Natalia/Shutterstock.com; S. 140: Steve West/Getty Images; S.142: Maskot/Getty Images.

Cover: Barbara Fuchs
Layout: Doris Wohofsky
Satz: Christine Rehmann | editors genie
Gesamtherstellung: Elma Printing & Finishing, Istanbul

Lebensfreude für jeden Tag
ISBN 978-3-8485-0271-4
© 2024 Groh Verlag. Ein Imprint der Verlagsgruppe
Droemer Knaur GmbH & Co. KG
Maria-Luiko-Straße 54, 80636 München
www.groh.de

Kontaktadresse nach EU-Produktsicherheitsverordnung:
produktsicherheit@droemer-knaur.de

MIX
Papier | Fördert
gute Waldnutzung
FSC® C164814

2 3 4 5 6